Ein für alle Mal

Petzoldt dankt Konrad Contzen für Chance,
Idee und Realisierung des Buches,
den Klöstern St. Ottilien, Erlenbad, Benediktbeuren,
Bernried und Waldsassen für die Möglichkeit
zu inspirierter und inspirierender Einkehr,
Marco Fiedler und Martin Reichel von zwischenFall
für stetige Begleitung über Grenzen hinaus,
Christian Dietze für frohen Austausch in parallelen Welten
und Johanna Herdtfelder für lektorierende Korrektur
und für viel.

Impressum

Tobias Petzoldt, illustriert von Egbert Greven
Ein für alle Mal

1. Auflage 2012

Postfach 32 11 11, 40426 Düsseldorf

Herstellung: projekt m/c GmbH, Münster

Bestell-Nr. tvd 21250.1
ISBN 978-3-926512-93-2

Tobias Petzoldt
illustriert von Egbert Greven

Ein für alle Mal

...heiter bis kritisch
durch das Kirchenjahr

tvd

Besinnung

Einmal statt
aus sich heraus
in sich gehen.

Einmal statt
außer sich
bei sich sein.

Einmal statt
aus dem Gleichgewicht
zur Mitte kommen.

Einmal und,
wenn's sein kann,
ein für alle Mal
eins sein mit dem Einen:
Ich in dir. Du in mir.

Ruhezustand

Manchmal möchte ich Ruhe finden
und sie mir still und heimlich bewahren.

Manchmal möchte ich Ruhe haben
und mich nicht aus ihr bringen lassen.

Manchmal möchte ich in Ruhe gelassen werden,
um in aller Ruhe *gelassen* zu werden.

Zur Ruhe setzen aber mag ich mich nicht.
Es sei denn, es sei die letzte.

Licht

… und Finsternis lag über der Erde. Genesis 1, 2

Am Anfang aller Zeit
macht Gott Licht.

So bleibt nicht im Dunkeln
das Gute, das entsteht
fortan Tag um Tag.

Am Anfang des Kirchenjahres
entzünden wir eine Kerze
und bald darauf
eine zweite, dritte, vierte.

So wird es hell und heller
Sonntag um Sonntag,
bis schließlich ein Stern
ins rechte Licht setzt
das Neugeborene Gottes.

Ruhelos

Wir haben Angst vor der Ruhe.
Immer wenn alles still wird,
fängt es an zu schreien in uns.
Das Herz. Der Kopf. Die Seele.

Das Betäubte und Ruhiggestellte,
das Unterdrückte und Ungesagte
hält nicht länger still, wird in uns laut,
sucht in der Ruhe Resonanz.

Das hält doch keiner aus.
Diese Stille!

Antiadventskranz

Grün vor Neid
Rot vor Zorn
Weiß vor Glut
Bleibt die Mitte
leer.

Ihr erster Sohn

Siehe, du wirst schwanger werden und einen Sohn gebären,
und du sollst ihm den Namen Jesus geben. *Lukas 1, 31*

Auf einmal ist alles anders
und fremdbestimmt:
Schwangerschaft,
Kindsvater,
Geburtsort,
Name des Kindes.

Und ob's ihr
biographisch,
lebensweltlich,
familienplanerisch
und überhaupt
so passen könnte,
hat auch keiner gefragt.

Froher Festgottesdienst

Siehe, ich verkündige euch große Freude,
wird der Engel zitiert zum frohen Fest.
Und wir schauen wie üblich zu und drein
wie drei Tage Regenwetter, was grundsätzlich nicht falsch ist,
denn auch heuer ist's nichts geworden mit weißer Weihnacht.

Von großer Freude aber ist weit und breit
nichts und bei keinem etwas zu sehen.
Da können der Engel oder der Herr Jesus oder Weißgottwer
noch so gute Nachrichten und Hoffnungen für alle
verkünden, wir gucken grimmig, würdig und
recht. Das sind wir hier so gewohnt, daran
haben wir uns gewöhnt.
Als aber die Orgel am Ende „O du fröh-
liche" anstimmt und wir lauthals einstimmen
ist's, als wenn uns der Langhaarige vom
Altarbild augenzwinkernd sagen will: Nun
macht doch mal nicht so ein Gesicht!

nach Lukas 2, 10

Weihnachtsmode

Ich weiß nicht, ob Sie es schon wissen, aber Blau ist das neue Schwarz.
Im Einkaufszentrum wird die neue Kunde den Kunden unmissverständlich deutlich gemacht:
Ab jetzt: Blau.
Blau wie das Meer, blau wie die Jeans, blau wie der Zustand nach dem achten Glühwein in der S-Bahn Richtung zuhause.

Das Schwarz-Weiß-Denken ist für uns gestorben,
die Toten sind es sowieso,
da können wir die Särge unserer Soldaten jetzt auch blau anstreichen.
Denn ab jetzt sehen wir nicht mehr schwarz,
ab jetzt gönnen wir uns das Blaue unter den Fingernägeln,
fürchten uns vorm blauen Kater und trinken unseren Kaffee fortan blau.

In Zukunft gibt es dann nur noch Blaugeld, Blaubrot, Blauwald, Blauwild und Blauafrikaner,
denn, wie wir jetzt wissen, ist Blau das neue Schwarz,
sind die Grünen die neuen Roten
und die Hirten die neuen Weißen.
Stacheldraht ist die neue Sicherheit,
Komplettüberwachung die neue Freiheit,
ein Kampfeinsatz ist die neue Friedensmission,
ferne Bomben sind naher Frieden,
ein schwarzer Afghane ist ein weißer Schimmel
und ein Push-up-BH ein Lammfellmantel.

Im Blick auf Klima, Krise, Katastrophe
ist Regen der neue Schnee,
wolkengrau das Weihnachtswetter
und Rudolf das Rentier
ist unser neuer Mann
in der Krippe.

Weihnachtspyramide

Und immer und immer
und jede und jeder
und alles dreht sich
und alle drehen sich
immer und immer
um die eigene Achse,
im Kreis und nur
um sich selbst.

Und immer in Bewegung
und immer dasselbe,
derselbe Ablauf,
Tageslauf, Lebenslauf,
immer drin im Hamsterrad,
ein Rotieren in der Routine.

Doch haben nicht
gerade an Weihnachten
alle Beteiligten die
gewohnten Wege verlassen?

nach Lukas 2, Matthäus 2

Marias Gesang

Freuet euch in dem Herrn allewege, und abermals sage ich:
Freuet euch! Der Herr ist nahe! Philipper 4, 4–5

Natürlich freue ich mich, doch.
In erster Linie habe ich mich aber vor allem gewundert.
Und mir tausend Gedanken gemacht:
Wie das passieren konnte,
wie es nun weitergehen wird,
wie ich es Josef klarmachen soll,
was die Leute sagen werden.
Viel Zeit blieb nicht, wir mussten los, obwohl Josef gesagt hat:
Ich muss gar nichts, die Tür muss fertig werden.
Was mich betrifft, so fand ich die Sache mit der Reise interessant.
Das Ziel schien reizvoll.
und einmal hier herauszukommen auch.
Josef sah das anders, er sprach von Steuern, Schikanen
und dass ich auch an mein Kind denken solle.
Unser Kind, habe ich gesagt.
Dann hat er auf die da oben geschimpft und seine Tasche
gepackt.

Die Reise an sich war recht beschwerlich.
Jetzt liegen wir hier, etwa fünf Kilometer vor unserem Ziel.
Ob das zu schaffen ist, kann ich nicht sagen.
Vor uns ein Fluss, eine Wassergeburt ist nicht geplant, an eine
Hausgeburt ist nicht zu denken und bei einem Geburtshaus
hätten wir uns rechtzeitig anmelden müssen.
Dass Geburt ein ganzheitliches Erlebnis ist,
gab es in keinem Vorbereitungskurs zu hören
und ob der Vater bei der Geburt dabei ist, weiß Gott allein.

Bahnhof

Die Zeit aber ist nahe.
Das Ziehen im Bauch nimmt zu an Schärfe.
Ich habe Angst vor der Nacht und vor der Kälte.
Vor uns liegen noch fünf Kilometer.
Dass diese zu schaffen sind, kann ich kaum glauben.
Wir müssen, sagt Josef und hilft mir hoch.
Ich weiß nicht, was ich muss, ich muss brechen.
Aber an sich freue ich mich schon.

nach Lukas 1–2

Weihnachten und Ich

Wesentliches im Traum erfahren.
Wovon träume ich?
Sich auf den Weg gemacht.
Bin ich noch beweglich?
Einfach losgegangen.
Was braucht's, damit ich losgehe?
Eine Herberge gesucht.
Geht's auch mit einem Stern?
Neues zur Welt gebracht.
Bin ich offen dafür?
Die Armen in Kenntnis gesetzt.
Wen lade ich ein?
Die Tür geöffnet.
Wie viele Schlösser hängen vor meiner?
Alles im Herz bewahrt.
Was nehme ich mir zu Herzen?

nach Lukas 2

Volles Haus

...denn sie hatten sonst keinen Raum in der Herberge. *Lukas 2, 7*

Was soll das heißen, neu geboren?
Warum muss es immer etwas Neues geben?
Wir sind froh, wenn alles bleibt, wie es ist
und beim Alten,
wir haben uns eingerichtet
und kommen gut zurecht.

Wir brauchen weder ein schwangeres Paar
noch brauchen wir stinkende Hirten,
wir brauchen keine feinen Herren
und Fremde brauchen wir schon gar nicht.

Und überhaupt, bei uns ist kein Platz.
Unser Haus ist voll, vom Keller bis zum Dach.
Küche und Schlafzimmer, Keller und Kinderzimmer,
Diele und Arbeitszimmer, Vorratskammer und
Ankleidezimmer, Bad und Wohnzimmer,
alles ist belegt mit allerlei Angehäuftem.
Klar, man könnte auch mal ausräumen,
aber man trennt sich nicht gern von alten Sachen,
da hängen ja auch Erinnerungen dran
und man weiß nie, was man noch braucht.

Also bitte, Gott, geh' weiter.
Wir haben keinen Raum
in Haus und Herz.
Wenn du schon hier sein musst,
dann nimm den Stall.
Und fühl' dich wie zuhause.

Weihnachtsgeschichte

Und es waren zwei Menschen
und sie waren zufrieden
und sie lebten in Frieden
und es war ein Traum.

Und es war ein Engel
und es war kaum zu glauben
und sie war schwanger
und er erkannte sie nicht.

Und es war ein Geheimnis
und er gedachte zu gehen
und er bekam ein Zeichen
und er blieb bei ihr.

Und es war ein Herrscher
und es war ein Auftrag
und es ging um Zahlen
und wer wie viel zahlt.

Und es war eine Reise
und es war ein Weg
und es war sehr weit
und der Weg war schwer.

Und es war eine Stadt
und es waren Menschen
und es waren Menschen
und es war kein Raum.

Und es war spät
und es war ein Stall
und es waren Tiere
und es war Nacht.

Und es war kalt
und es war hart
und es war Gestank
und es war die Hölle.

Und es war Scham
und es war Schmach
und es war Schmerz
und kaum zu ertragen.

Und es war ein Stern
und es war ein Schrei
und es war ein Sohn
und er war göttlich.

Und es waren Hirten
und es waren Schafe
und es war eine Nachricht
und es war hell.

Und es war große Freude
und es war bewegend
und es waren Geschenke
und jeder gab, was ging.

Und es war eine Kunde
und es waren Fremde
und es war ein Himmel
und der ging ihnen auf.

Und es war ein König
und es war Angst
und es war eine Lüge
und seiner nicht würdig.

Und alle kamen zum Stall
und war'n beieinander
und waren Hirten und Weise
und alles war gut.

Und sie hörte die Worte
Und sie nahm sich's zu Herzen
Und sie bewahrte das Kind
und alles andere auch.

Und es waren drei Menschen
und es war ein Gott
und es war ein Wunder
und es war Weihnacht.

nach Lukas 1–2; Matthäus 2

Magnifikat mit Makel

Da hat seine Mutter, die selige Jungfrau,
den Mund anscheinend zu voll des Lobes genommen:

Weder sind die Mächtigen vom Thron gestürzt
noch die Niedrigen inthronisiert,
weder werden die Hochmütigen zerstreut
noch die Hungernden dauerhaft beschenkt,
und Reiche gibt es noch immer genug.

Da hat seine Mutter, die heilige Maria,
zwischen Leidenschaft und Mutterschaft
in ihrer pränatalen Laudatio auf ihren Sohn
wohl zu viel Blaues vom Himmel versprochen.
Aber man weiß ja, wie Mütter denken.

Oder wie ist das alles zu verstehen?

nach Lukas 1, 46–55

Maria

Dann bin ich erschrocken
vor fremdem Erscheinen.
Ich staunte nicht schlecht:
Ich wusste von keinem.

Auch war es nicht einfach.
Nichts war, wie es blieb.
Doch hab ich gesungen,
wie man später schrieb,

vom Loben des Herrn
und von großen Dingen,
die er an mir tat.
Mir war nicht nach Singen,

so jung wie ich war.
Erst hab ich gelacht,
gezweifelt, gebetet
und andres gedacht;

dann fügte und fühlte
ich stetig mich ein,
dem Herrn eine Magd
und Mutter zu sein.

Bald mussten wir los
und weit war die Zeit.
Dann kam die Ankunft,
dann war es soweit.

Nur waren wir fremd
und welch Elegie:
Für uns blieb ein Platz
im Stalle beim Vieh.

Schön war das nicht,
und nicht ohne Last.
Trotz aller Schmerzen
gab ich mich gefasst,

denn ich war die Magd,
ein Diener des Herrn.
Und ja, das Kindlein:
Ich hatte es gern.

Es kamen die Armen,
es kamen die Reichen,
sie knieten vorm Kind,
als wären's die Gleichen.

Viel wurde geredet,
die Sprache war schwer.
Wie man später hörte,
bewegt' es mich sehr.

Dann trug es sich zu,
was man prophezeite:
Bis zum Grauen am Kreuz
blieb Gottes Geleite

dem Kind, meinem, treu,
und war doch nicht mein.
Zu Hohem berufen
in des Sternes Schein,

ließ ich ihn ziehen.
Er ging seinen Gang.
Es blieb mein Gebet,
mein letzter Gesang.

Bald ging ich dahin,
doch erblasste ich nie –
je länger ich tot war,
je mehr Phantasie

kam über die Menschen
und kam über mich.
Die Magd meines Herrn,
mehr war ich doch nicht,

nicht heilig, nicht sonders,
nicht einmal mehr rein –
wie soll das auch gehen,
bei viel Kinderlein.

Ave, man sang,
man dichtete mir,
entwarf mir Gebete,
und manch' Souvenir

und machte gar Bilder
und Gold'nes mir an,
und Ketten und Kränze
und verdiente daran.

Viel fremdes Erscheinen
hab' ich immer gescheut.
Dass man zu mir betet,
erstaunt mich noch heut.

Maria, traditionell

Da sitzt sie und schaut,
sie, die Maria, schaut
vor sich die Kerze, sie
ist jung, sie ist schön,
natürlich, und bekleidet
ist sie karg, in blau und
in rot. Neben ihr, stehend,
der Mann, vor ihr, kniend,
die Fremden, hinter ihr,
leuchtend, der Engel.
Und wie man hören wird,
bewegt sie alles in ihrem Herzen,
bewegt sich alles in ihrem Herzen,
bewegt sie alle Herzen.

nach Lukas 2, 19

Offene Gesellschaft

Sie kommen vom Feld
oder vom Haus,
sie gehen zur Nacht
noch einmal hinaus.
Sie kommen in Scharen,
sie kommen von fern,
sie hören ihr Herz,
sie folgen dem Stern.
Sie leitet ein Wunsch,

sie leitet ein Licht,
sie leitet ein Wort,
das zu ihnen spricht;
von Frieden und Glück,
von Gleichheit und Recht,
für jede Nation,
für jedes Geschlecht.
Ein Leben auf Erden,
ein Leben danach –
sie hoffen und beten,
sie zweifeln, sind wach,
sind schwarz oder weiß,
sind Mann oder Frau.
Wie viele es sind,
weiß keiner genau.
Sie feiern ein Kind.
Sie feiern ein Fest.
Sie feiern, weil Gott
sie feiern lässt.
Manch einer ist schlicht,
manch andere klug –
das Dach überm Stall
hat Platz genug.

nach Lukas 2, 16–18

Standpunkt

Das ist mein Standpunkt.
Da stehe ich fest,
da stehe ich sicher
auf allem, was feststeht.

Falls ich nach einiger Zeit aber
noch immer am selben Punkt stehe,
dann kam ich nicht weiter,
dann trete ich auf der Stelle,
dann mache mich Einer los.

Bestandsaufnahme

Am Anfang des Jahres und
gelegentlich in dessen Verlauf
es den Geschäften gleichtun und
Inventur machen, um zu sehen,
ob man noch alle hat und alles,
ob Soll und Haben im Gleichklang
sind, ob da Leichen sind
im Keller, im Kopf, im Gemüt
oder ob es noch lebt tief drinnen
und verfügbar sind Herz, Hut, Hirn.

Neujahrsmorgen

Unsere Schritte
deine und meine
in frischem Schnee
eine reine Parallele
ins frohe Neue.

Was wird werden
wenn's wärmer wird?

Meer im Winter

Wer sagt denn, dass unter der Wüste
aus Schollen, Hügeln, Wehen,
die da alles in allem still und reizarm
ins Land übergeht, tatsächlich ein Meer ist,
brausend und schäumend, mit Wasser und Wellen.

Wer sagt denn, dass darunter
nicht auch ein Acker sein könnte,
ein Betonplatz, ein Rosengarten,
und dass das nicht auch ein bisschen
an die Frage nach Gott erinnern könnte.

Unbekannte Gewässer

Voll Vorsicht
dein erster Schritt.
Du zagst. Du zögerst.
Gilt das Knacken dir?

Dann gehst du los, Tritt für Tritt
trittst du weiter und weiter
und spürst, wie das Eis dich hält,
wie das Wasser trägt und
dass es gut war und an der Zeit,
zu wagen den ersten Schritt.

Vorsätze

Ab jetzt
lebe ich
im Jetzt

Ab heute
bin ich im
Hier und Heute

Und werde
da sein
im Dasein

Neujahrstag

Entschleunigt alles
selbst das Wasser
von gestern
fad

Eis

Hart. Kalt. Rau.
Vögel suchen vergebens
nach Futter.
Unerbittlich hält das Eis,
versiegelt den See
und lässt verzweifeln,
die von ihm leben.

Darunter aber
lebt es.

Kehrseite

Ab und zu
bedarf es der Abkehr,
um einzukehren.

Ab und an
bedarf es der Einkehr,
um auszukehren.

Ab sofort
will ich nichts mehr
unter den Teppich kehren

und Dir nicht länger
den Rücken zu.

Fastenzeit

Gelegentlich sich selbst
in die Wüste schicken,
aus sich heraus gehen
um anzukommen
zur Ruhe
und zu sich.

nach Markus 1, 12f

Fasten-Übung

So wie Jesus
dem Üblichen trotzen

So wie Jesus
das Übel lindern

So wie Jesus
der Überzeugung folgen

So wie Jesus
überleben

nach Matthäus 4, 1–11

Pilgern

Schritt für Schritt
alles liegen lassen
und stehen.

Schritt für Schritt
weglassen, ablassen
und loslassen.

Schritt für Schritt
hinter sich lassen
und sein.

Meditation

Ich komme
zur Stille
zur Ruhe
zu mir
zu dir
du machst
du siehst
mich
sprachlos

Teufelswerk

Auf Teufel komm raus,
so reden wir,
und es sieht so aus,
als wäre er herausgekommen.
Denn es wird schon etwas dran sein, wenn es heißt:
Der Teufel ist los.

Es heißt, er wurde gesehen –
einige hatten ihn an die Wand gemalt.
Auch wird berichtet, dass er gern seine Runde dreht –
die Rede ist von Teufelskreisen.
Und vom Teufelsbraten auf der Speisekarte
kennen wir auch seinen scharfen Geschmack.

Hat uns der Teufel schon geholt?

  Alles ist möglich.
  Wir müssen nur wollen.
  Mach aus Steinen Brot.

Jener aber, der in der Wüste hungrig war, erklärt dem Teufel:
Der Mensch lebt nicht vom Brot allein.

Auf Teufel komm raus,
so sagen wir,
und wünschen uns doch,
er würde uns nicht länger
durcheinander bringen.

Es heißt, der Teufel liebt Einzelheiten –
oft steckt er im Detail.
Und anscheinend verdient er wenig:
Von armen Teufeln ist oft die Rede,
von reichen nie,
weiß der Teufel, warum.

Ist denn bei uns die Hölle los?

  Alle Reiche, alles Reiche:
  Alles kann dein sein.
  Gib mir nur dein Gewissen.

Jener aber, der sich beim Blick auf unsere Welt im Felsengrab
umdrehen würde, wenn er nicht erstanden wäre, spricht:
Fort mit dir, Satan.

Auf Teufel komm raus, so sagen wir,
doch wenn man vom Teufel spricht,
braucht man sich nicht zu wundern,
wenn der, toi, toi, toi und dreimal
auf den Holzweg geklopft, uns reitet,
seine Hand im Spiel hat
und uns das Leben zur Hölle macht.
Pfui Teufel.

Statt aber den Teufel mit dem Beelzebub auszutreiben
und als pferdefüßige Teufelskerle in drei Teufels Namen in des Teufels Küche Satansbraten zu flambieren,
gilt es, als Salz dieser Erde dem Bösen die Suppe zu versalzen,
Satan die Hölle heiß zu machen.

Denn mit jenem, der aufstand um des Lebens Willen,
erbitten wir:
Erlöse uns, von dem Bösen.

nach Lukas 4, 1–13

Hin und Weg

Wir kommen:
In Frage, in Fahrt,
auf die Idee, in die Gänge
und auf den Punkt.

In die Pötte, in die Puschen,
auf die Beine, aus der Hüfte
und gerade recht.

In Schwung, ins Lot,
auf den Geschmack, ans Licht
und immer dahinter.

In Betracht, in die Spur,
an die Reihe, auf den Markt,
und selten zu kurz.

In Scharen, in die Quere,
uns ins Gehege, auf die Schliche
und einander näher.

Wir kommen fort,
wir kommen weiter,
wir kommen davon,

doch das Ankommen kommt
uns selten in den Sinn.

Stille

Stillschweigend
ist es still geworden
um mich herum

in aller Ruhe
ist es ruhig geworden
in mir

sang- und klanglos,
unheimlich still und leise,
ein unerhörtes Schweigen:

Herr, erhöre mich.

Schweigezeit

Sag, wie ist es zu schweigen:
Wenn keiner redet Wichtiges,
dummes Zeug oder aus Höflichkeit,
wenn keiner erzählen will sich,
seinen Wert und seine Nöte,
wenn keiner lärmt
um des eigenen Vorteils willen.

Sag, wie es ist,
wenn da nur Stille ist
um dich und in dir,

oder sag's besser nicht
und schweige.

Kontemplation

Immer, wenn ich bei dir bin,
komme ich ganz zu mir.

Dann halte ich an,
dann halte ich an mich,
dann halte ich den Mund
und Herz und Sinne auf.

Immer, wenn ich bei dir bin,
komme ich mir abhanden.

Dann komme ich durcheinander,
ins Stocken und Schwanken,
ins Fragen und Zweifeln,
ins Glauben und Hoffen
und damit zum Ende.

Immer, wenn ich bei dir bin,
aufrecht und aufrichtig,
komme ich zur Besinnung,
komme ich zum Sinn,
zur Sache
und an.

Kontrastgebet

Meine Seele ist stille zu Gott, der mir hilft. Psalm 62, 2

Ich kann mir den Kopf zerbrechen,
das Hirn zermartern,
kann fieberhaft
aus eigener Kraft
nach Lösungen suchen und Auswegen –
oder ich kann darauf vertrauen,
dass du mir hilfst und
es auf deine Weise richtest.

Ich kann mich schwarz ärgern,
Gift und Galle spucken,
Tod und Teufel fluchen
und diesem und jener wünschen
die Pest an den Hals –
oder ich kann vergeben,
wie du vergibst
und nach deinem Frieden suchen.

Ich kann mein Herz rasen hören,
es bis zum Hals klopfen lassen,
kann da und dort
hektisch und gehetzt
dieses und jenes tun,
oder ich darf wissen,
dass meine Seele Ruhe findet
bei dir.

Passion

Und er nahm den Kelch
Und im Kelch war sein Blut
Und der Kelch ging nicht vorüber
Und er bat um Wachheit
Und er bat um Wachheit
Und er bat um Wachheit
Und ihre Augen waren voll Schlaf
Und es kam die Stunde
Und es kamen Soldaten
Und es kam ein Freund
Und es fiel ein Kuss
Und sie legten Hand an
Und sie übten Treue
Und sie hatten Waffen
Und dann verließen sie ihn
Und man führte ihn mit
Und man führte ihn vor
Und man führte ihn vor Gericht
Und er sagte: Ich bin's
Und es krähte ein Hahn
Und es weinte ein Mann
Und es ging auch um Geld
Und einer hängte sich auf
Und sie stellten die Fragen
Und sie verurteilten scharf
Und sie verschärften das Urteil
Und er sagte nichts
Und da war ein Verbrecher
Und da war ein Freispruch

Und da war ein Geschrei
Und es war ein Spott
Und man wusch sich in Unschuld
Und man ist's nicht gewesen
Und man malte ein Schild
Und machte ein Los
Und es waren drei Kreuze
Und es war dreifach Sterben
Und es war eine Bitte
Und er sagte: Noch heut'
Und dann trank er Essig
Und dann wurde es finster
Und dann schrie er verlassen
Und er war tot
Und es riss der Vorhang
Und es rissen die Felsen
Und es barsten die Grüfte
Und einer sprach: Wahrlich
Und sie sahen von Ferne
Und sie schmückten ein Grab
Und sie hielten die Wache
Und die Nacht brach herein
Und es war früh am Morgen
Und es waren Frauen
Und es war ein Stein
Und sie staunten sehr
Und waren wie er
Ganz aus dem Häuschen

nach Matthäus 26, 36; 28, 8

In der Nacht des Verrats

In der Nacht des Verrats
Waren sie beieinander
In der Nacht des Verrats
Tranken sie miteinander
In der Nacht des Verrats
Aßen sie zusammen
In der Nacht des Verrats
Saßen sie beisammen
In der Nacht des Verrats
Schliefen sie ein
In der Nacht des Verrats
Blieb einer allein
In der Nacht des Verrats
War alles wie immer
In der Nacht des Verrats
Waren alle wie immer
In der Nacht des Verrats

nach Markus 14, 32–42

Erlöse uns

Er löse uns
von dem Bösen.
Er löse uns
von dem
Falschen.
Er löse
unsere Fesseln.

Er lasse spüren
Seine Kraft,
Er lasse werden
Sein Reich,
Er lasse sein
die Ewigkeit
in Seiner
Herrlichkeit.

Eucharistie

Ein kleiner Teil
vom Leib
vom Herrn
im Himmel

Verrat

Nach Lage der Dinge
und Prüfung der Akten
war Judas nur einer
von vielen.
Bin ich's, Herr?

Tisch des Herrn

Er hat uns alle
an einen Tisch gebracht,
unter den nichts fallen kann,
von dem nichts gefegt und
über den niemand gezogen wird.

Er hat uns alle
an seinen Tisch gebracht,
damit vom Tisch kommt,
was uns trennt und wir
reinen Tisch machen können
mit ihm und mit uns.

Volksentscheid

Sie schrien: Kreuzige ihn!
Pilatus fragte: Was hat er denn
Böses getan?
Sie schrien lauter: Kreuzige ihn!

Alle Gewalt geht vom Volke aus.

nach Markus 15, 13f

Ich bin das Volk

Da schrien sie alle miteinander: Hinweg mit diesem,
gib uns Barabbas los! *Lukas 23, 18*

Ich bin dabei.
Ich bin ein Teil.
Ich bin das Volk.
Ich schreie mit, weil alle schreien.
Ich bin laut, weil alle laut sind.
Ich bin dafür, ich bin dagegen,
ich bin wie alle:
Gebt uns den Barabbas frei.

Kreuz

Im Zentrum
Im Leben
Im Sterben
:
Das Kreuz

Kreuzworträtsel

In kreuzgefährlichem Moment
spricht der Mann vom Kreuz:
Zum Vater, zur Mutter, zum Nachbarn,
zu den Leuten, zu sich und zu uns.

In kreuzgefährlichem Moment
spricht der Mann vom Kreuz
vom Verlassen und vom Durst,
vom Vergeben und vom Paradies
und davon, dass es vollbracht sei.

Was hat er dir zu sagen?

nach Matthäus 27, Markus 15, Lukas 23, Johannes 19

Ich und Pilatus

Wir lassen es sein.
Wir lassen es sein, wie es ist.
Wir lassen die anderen entscheiden.

Masse macht Meinung.
Sie haben es so gewollt.
Man stellt sich nicht gern
allein gegen alle.

Eine Hand
wäscht die andere
in Unschuld.

nach Matthäus 27, 20ff

Grüße aus Golgatha

Und sie kreuzigten ihn. Und sie teilten seine Kleider und warfen das Los, wer was bekommen solle. Markus 15, 24

Nachdem er sich
um Kopf und Kragen
geschwiegen hatte,
er seinen Kopf
nicht retten wollte
und es ihm endlich
an den Kragen ging,

geht es uns nun um Kopf oder Zahl.

Souvenirs, Souvenirs.

Er löse uns

Erfülle uns.
Er fülle uns.
Erfasse uns.
Er fasse uns.
Erdulde uns.
Er dulde uns.
Erbaue uns.
Er bau' auf uns.
Erlöse uns.
Er löse uns
von uns.

Und er neigte das Haupt

...und neigte das Haupt und verschied. *Johannes 19, 30*

Und er neigte das Haupt
zu schauen die Seinen:
Verleugner. Verräter. Verlorene.

Und er neigte das Haupt
in der Last seiner Sache –
voll Qual zu retten die Welt.

Und er neigte das Haupt
in Demut vor dem Großen,
erwartend das Ferne, das kommt.

Und er neigte das Haupt
und schied und verschied, zunächst.

Es ist vollbracht

Ich habe alles gegeben.
Ich habe mich gegeben.
Ich habe mich hingegeben.
Jetzt bin ich am Ende.
Jetzt kann ich nicht mehr.
Jetzt kann ich nichts mehr tun.
Jetzt ist es vollbracht.
Jetzt bin ich am Ziel.

Ich lasse los.
Ich lasse mich fallen.
Ich bin gewiss, Gott fängt mich.
Ihm vertraue ich.
Ihm vertraue ich mich an.
In seine Hände lege ich
was kommt.

nach Johannes 19, 30

Karsamstag 2.0

Da liegen wir nun
warm und trocken,
satt und in Frieden.

Der Fernseher ist das Fenster nach draußen,
Freunde treffen wir virtuell und sonst
lassen wir nichts und niemanden an uns heran.

Wer rollt den Stein von unserem Grab?

Aus Seiner Sicht

Aus Seiner Sicht
sieht er es kommen
sieht er sie kommen
geht der Kelch nicht vorüber

Aus Seiner Sicht
standen sie bei ihm
standen eben noch zu ihm
stehen ihm jetzt gegenüber

Aus Seiner Sicht
ändern sie ihre Sicht
ändern sie ihr Gesicht
statt Palmwedel: Peitschenhiebe

Aus Seiner Sicht
ist alles wie immer
sind alle wie immer
sind alles Menschen

Aus Seiner Sicht
musste alles so kommen
mussten alle so kommen
kommt, was kommt

was kein anderer sieht

nach Matthäus 26–28

Todeshöhle

Vor die Höhle des Todes haben
wir einen schweren Stein gelegt.
Der Tod soll bleiben,
wo, wie, was er ist
und fern von uns.

Eines Morgens aber
ist der Stein weg
und die Angst:

Der Eine
hat für alle
ein für alle Mal
den Tod besiegt.

nach Matthäus 27, 60

Ostergottesdienste

In der katholischen Kirche
gab's liturgisch ein Hochamt.
Lob dem Lamm Gottes,
vereint mit den Heiligen.
Das war mir zu viel
und steif war's dort auch.

In der evangelischen Kirche
gab's ein Singspiel der Kinder.
Ehre dem Lämmchen,
Friede, Freude, Auferstehung.
Das schien mir arg lieblich
und laut war's hier auch.

In der freien Gemeinde
gab's Anbetung und Lobpreis.
Praise the lamb, Visionen
und allerlei Eindrücke.
Das kam mir recht forsch vor
und lang ging es auch.

Auf dem Weg hinaus ins Weite
gab's einen offenen Himmel.
Zwischen aufstrebenden Blüten
war wahrhaftiges Leben,
war auf der Wiese ein Schaf
und Gott war da auch.

Ostertag

Er ist wahrhaftig auferstanden
Er ist wahrhaftig
Er ist
Er

Ostermorgen

In des Morgens Grauen
Feuchtes Gras, zarte Blüten, junge Knospen
Und Frühaufsteher, die glauben,
Er sei der Gärtner

nach Johannes 20, 15

Sieh' an, der Auferstandene!

Sieh' mich an.
Sieh' an die Hände,
an ihnen klebt Blut.
Sieh' an die Wunden,
offen und unverheilt.
Sieh' an, was geschah,
es lässt sich nicht löschen
aus Herz und Haut.
Sieh' an, mich.
Ich bin's.

Osterlamm

Lob und Ehre und Preis
dem Lamme Gottes,
das geopfert wurde
für die Sünde der Welt
und meine große Schuld.
Amen.

Doch hängt da am Kreuz
kein Schaf, sondern ein Mensch:
Todesgestraft für seine Sache,
überzeugt bis zum Letzten
und Kind eines Gottes,
der verabscheut Gewalt.

Das Schaf aber steht draußen,
stellvertretend für alles Verlorene.

Frauen zuerst

Vom Kommen des Gottessohnes
hörten zuerst Maria und Elisabeth,
seine Auferstehung erfuhren vorab
drei Frauen am Grab.

Nun schrieb später einer,
dass schweigen solle das Weib.
Doch wie sollten wir dann wissen
die gute Hoffnung vom Leben?

nach Lukas 1; Markus 16, 1; 1. Korinther 14, 34

Nach Ostern

Immer wieder wächst Gras
Über das Grab, das leer war
Immer wieder muss ausgerissen werden
Das Gras, das über das Grab wächst

Richtig gemacht, Jesus!

Das hat er richtig gemacht, der liebe Herr Jesus,
dass er zwar hinabstieg ins Reich der Toten,
wie wir allsonntaglich bekennen,
dass er aber seine Verweildauer
bei all den Leichen im Keller
auf drei Tage begrenzt hat.

Das hat er richtig gemacht, der liebe Herr Jesus,
dass er uns um Gottes Willen
mit unserer Schuld nicht schuldig
allein und zurückgelassen hat
und wir nicht länger leben müssen damit,
ein Nagel an seinem Sarg zu sein.

Das hat er richtig gemacht, der liebe Herr Jesus,
dass er das Grab verließ, das ihm andere gruben,
denn sonst würde er sich angesichts seiner Nachfolger
im Grabe umdrehen
und nichts würde werden
mit einer Ruhe in Frieden.

Nachfolge

Ich passe gut in die Riege
deiner Nachfolger und Verfolger:
Du weißt, auch ich wäre gerne der Größte.
Ich schicke weg, wer mir nicht passt.
Ich verrate und verleugne,
ich lüge, zweifle und verzweifle
und wenn's drauf ankommt,
bin ich weg.

Und doch, Jesus,
will ich dir folgen.

Deine Fußstapfen sind zu groß,
als dass ich hineintreten
und Schritt halten könnte.
Sie sind so groß,
damit ich die Richtung
nicht aus den Augen verliere.

Emmaus

Gemeinsam sind wir
einsam auf dem Weg.
Schritt für Schritt, Satz für Satz,
endlich allein, unendlich allein.
Machtlos, mutlos, haltlos.
Es ist Abend geworden und
der Tag hat sich geneigt.

Da kommt einer und geht mit.
Ein heimlicher Begleiter,
ein unheimlicher Begleiter.
Einer, der uns befragt,
einer, der uns erklärt,
einer, den wir bitten
zu bleiben.

Gemeinsam sind wir
mit ihm zu Tisch.
Auge in Auge, Wort für Wort.
Fassbar vereint, unfassbar vereint
scheint er,
eben noch sichtbar,
unsichtbar hinüber.

Brannte nicht unser Herz?
Brach er uns nicht das Brot?
Brechen wir auf?

nach Lukas 24, 13ff

Pfingsten

Geh mir auf den Geist, Geist.
Komm her, du Heiliger,
komm wie ein Blitz,
komm taubengleich über mich,
komme in mich und um mich
und komm' mir zu nah.
Lass mich geistig umtagt sein
und fühle dich in mir
wie zu Hause.
Reiß mich hoch,
lass mich nicht sitzen,
setze mich in Bewegung.
Lass mich brechen
mein Schweigen,
lass mich reden,
was mir hoch ist
und heilig,
lass mich bleiben
bei der Sache,
deiner Sache,
deiner großen,
ein für allemal.
Und wenn ich dereinst
den Geist aufgebe,
dann, bitte,
gib du mich nicht auf.

nach Apostelgeschichte 2

Schwärmerei

Den eigenen Geist auf- und
abgegeben am Eingang.

Dem Heiligen Geist in den Mund
gelegt alles Unmögliche.

Was und wer ist uns
wirklich noch heilig?

Spuren

Sind sie im Sand, verwehen sie im Wind.
Sind sie im Schnee, nimmt sie die Sonne.
Sind sie im Herz, lenken sie unsere Schritte.

Kindersegen

Ein Kind ist uns geschenkt,
verkünden die stolzen Eltern
auf Postkarten mit Datenmenge
und digitalem Fußabdruck.

Doch sei, neben dem Glückwunsch,
die Frage gestattet, ob jenes Kind
denn weniger geschenkt
als anvertraut, ja verliehen wurde –
als eigenes Wesen,
das alles andere ist als Elterneigentum.

Der Heilige Geist

Aber der Tröster, der Heilige Geist, den mein Vater senden wird in meinem Namen, der wird euch alles lehren und euch an alles erinnern, was ich euch gesagt habe. *Johannes 14, 26*

Wir haben
den Heiligen Geist
nicht in der Hand,
wir haben ihn im Herz,
wenn wir ihn lassen.

Wir haben
den Heiligen Geist
nicht in der Hand,
wir haben ihn im Sinn,
wenn wir in ihm leben.

Wir haben
den Heiligen Geist
nicht in der Hand,
wir geben ihn weiter,
wenn wir ihn begreifen.

Kindstaufe

Bevor du ins kalte Wasser
gestoßen wirst

und man dir den Kopf wäscht
mit allen Wassern

nimm hin das Zeichen
das Wasser des Lebens

Tauffrage

Taufet sie auf den Namen des Vaters und des Sohnes und des Heiligen Geistes und lehret sie halten alles, was ich euch befohlen habe. *Matthäus 28, 19f*

Tauft sie, sagt Jesus,
und vielmehr sagt er nicht dazu.

Ob mit sechs Wochen,
sechzehn Jahren oder sechzig,
ob in der Schüssel,
im Becken oder im See,
ob drinnen oder draußen,
ob warm oder kalt
ob von Mann oder Frau,
ob besprenkelt oder
getaucht mit Haut und Haar,
bleibt offen.

Vielleicht, weil es gleichgültig ist,
weil es gleich gültig ist vor ihm.

Gerüchte über Gott

Es heißt, dass Gott lieb sei.
Denn oft ist die Rede vom lieben Gott.
Beim Blick in die Bibel ist das
vor allem im ersten Teil aber
gar nicht immer so selbstverständlich.

Ebenso wird oft vermutet, dass Gott alt ist.
Grauhaarig, bärtig und gern ein Auge zudrückend.
Nun hört man zwar häufig von der Faltigkeit Gottes
(meist ist dabei von drei Falten die Rede),
doch vom Alter sieht man nichts.

Und auch bei der oft geäußerten Vermutung,
dass Gott im Himmel wohnt,
ist wohl eher der Wunsch Gottvater des Gedanken:
Alles Gute kommt von oben, aber lieber ist's den Leuten doch,
wenn Gott über'm Firmament bleibt
wo er ist und auf der Erde nicht weiter stört.

Lieb, alt, hochgelobt:
Das könnte uns alles so passen.

Gottesvorstellungen

Gott, manchmal heißt es, du wärst die Quelle.
Wie sollen wir uns das denn vorstellen!
Unser Wasser kommt aus dem Hahn, immer frisch und fließend
exakt einstellbar in Temperatur und Menge.
Kann sein, dass es dafür irgendwo einen Ursprung gibt,
aber Quellen und Brunnen sind nun wirklich weit von uns weg.

Ähnlich ist es, wenn sie dich als König bezeichnen.
Unseren König haben wir lange schon zum Teufel gejagt.
Wir haben keine Monarchie mehr, wir leben demokratisch,
und bei allen Abstrichen – du weißt, irgendetwas gibt es
immer – kommen wir damit ganz gut zurecht. Könige brauchen
wir dabei nicht, die gibt's nur im Märchen, im Kinderspiel und
manchmal im Urlaub.

Und wenn es heißt, du bist der Hirte,
ist das für uns auch schwer vorstellbar.
Zwar haben manche von uns tatsächlich schon einmal
Herden gesehen
mit Schafen und Schäfern, mit Hirte und Hund,
aber Menschen waren dabei nicht zu bewachen.
Schließlich gehen wir unsere eigenen Wege und stehen
nicht lammfromm auf zugewiesenen Weiden, um vor uns
hin zu blöken.

Wenn du dich uns also vorstellen willst, Gott,
so nimm' doch Bilder und Beispiele,
unter denen wir uns in Gottes Namen
auch etwas vorstellen können.
Könntest du dir das vorstellen?

Gottgerede

Du sollst den Namen deines Gottes nicht missbrauchen; denn der HERR wird den nicht ungestraft lassen, der seinen Namen missbraucht. Exodus 20, 7

In Gottes Namen geht die Rede,
Um Himmels Willen wird erzählt,
Himmelschreiend immer wieder
Wirst du, oh Gott, verbal erwählt.

Gott sei Dank, in Gottes Gnaden,
Himmelherrgottsakrament.
Gott mit uns und Gott bewahre,
Ach Gottchen, gleich, ob man dich kennt.

Unser Wort in Gottes Ohren –
Weiß' Gott, was ist das für ein Spott.
Wer ihn ruft, soll wahrhaft meinen
Seinen Herrn und seinen Gott.

Meerblick

In der Dämmerung
der Blick über Düne, Strand und Meer.
Lichter am Ufer, Lichter auf See
und dazwischen, davor, dahinter
endlos verschmolzen die Elemente,
ein Ganzes aus Land und Luft und Meer:

Himmel, Erde, Wasser sind eins wie einst,
als einer fand, dass es gut war.

Alle Achtung

Wider die Gewohnheit
achtsam sein und achten
die Schnecke auf dem Weg,
die Biene auf der Blüte,
die Vögel im Baum.

Wieder die Gewohnheit haben,
zu achten das
Geschaffte und Geschaffene,
zu achten auf
Schaffende und Geschaffte
zu achten den,
der alles geschaffen hat.

Jesus 2012

Du bist keiner von uns,
doch traditionell mit dabei.

Du gehörst zwar nicht dazu,
doch lassen wir uns nicht stören.

Du hast gut reden,
doch bitte nicht uns ins Gewissen.

Du gehst uns auf die Nerven.
doch schnell aus dem Kopf.

Du hast uns nichts zu sagen,
doch wir beten dich an.

Johannis' Geburt – Zum Johannistag

Und für Elisabeth kam die Zeit, dass sie gebären sollte und sie gebar einen Sohn. Und ihre Nachbarn und Verwandten hörten, dass der Herr große Barmherzigkeit an ihr getan hatte, und freuten sich mit ihr. Lukas 1, 57f

Die Freude war wirklich groß.
Aus heiterem Himmel waren da andere Umstände,
und ich war in guter Hoffnung.

Zumal, in meinem Alter, und wo doch alle dachten,
dass es zwischen Zacharias und mir nichts mehr
werde mit solch freudigen Ereignissen.
Es hieß vorher, es hätte an mir gelegen.
Gewiss, gebetet hatte ich genug, und Gott angefleht, er solle doch diese Schmach endlich beenden.
Das Gerede der Leute war manchmal kaum auszuhalten. Wie der Stolz der jungen Mädchen, wenn sie mit ewigem Grinsen ihre dicken Bäuche
zur Schau trugen. Ich habe gehofft, Gott könnte es doch so arrangieren wie damals bei Abraham und Sarah.
Die war ja auch schon alt.

Aber wer hat denn wirklich daran geglaubt, dass es noch etwas wird mit dem Kind. Und wenn doch, dass es gesund auf die Welt kommt. Und eine Mutter hat. Die Freude war also groß wie die Dankbarkeit.

Als es um den Namen ging, sagten alle, dass wir ihn Zacharias nennen sollen, wie sein Vater. Ich aber sagte: Nein, er soll Johannes heißen.
Es war, als hätten sich meine Lippen von selbst bewegt.

Johannes

Johannes heißt: Der Herr ist gnädig. Und das stimmt ja auch.
Darauf sagten die Leute: Ist doch niemand in deiner Verwandtschaft, der so heißt.
Aber muss man immer tun, was die anderen erwarten?

Mein Mann bestätigte das, indem er auf eine Tafel schrieb:
Er heißt Johannes.
Reden konnte er ja nicht. Seit er von meiner Schwangerschaft erfuhr, hatte es ihm die Sprache verschlagen.

Was aber wird wohl werden aus meinem Kind,
aus Johannes, zu dem sie später sagen werden, er sei der Täufer?

Wenn er redet, wo andere schweigen?
Wenn er aufsteht, wo andere gemütlich sitzen?
Wenn er sich anlegt mit den Besserwissern?
Wenn er Reichen vom Teilen erzählt?
Wenn er Kriegern vom Frieden berichtet?
Wenn er dem König die Wahrheit sagt?
Und wenn er dem Herrn das Wasser reicht?

nach Lukas 1, 57–66; Matthäus 3

Einbruchsicher

Wie der Dieb in der Nacht wird er kommen,
so ist's prophezeit in der Schrift, der heiligen.
Seitdem ich das weiß, bin ich besonders achtsam:
Ich schließe den Schlüssel zweimal herum,
ich habe mir Kette und Zusatzschloss eingebaut
und nachts bin ich besonders wachsam.

Wenn er kommt, dann muss er sich schon gewaltig anstrengen
und mit roher Gewalt den Einlass herbeiführen,
ich habe gut abgesichert
mein Haus und mein Herz.

nach Matthäus 24, 43; 1. Thessalonicher 5, 2

Wunschbild Gottes

Gott schuf den Menschen zu seinem Bilde,
zum Bilde Gottes schuf er sie:

Unsere Augen
sind Gottes Augen.
Unsere Ohren
sind Gottes Ohren.
Unsere Hände
sind Gottes Hände.
Unsere Füße
sind Gottes Füße.
Unsere Stimme
ist die Stimme Gottes.

Sehen und Hören,
Tun und Lassen,
Gehen und Bleiben –

Seine Sinne seien
in Seinem Sinne.

nach Genesis 1, 27

Kopfsache

Der Manne sei
das Haupt der Frau,
so stehe es schließlich geschrieben.

Was aber, wenn
wie üblich die Frau
ihren eigenen Kopf hat?

nach 1. Korinther 11, 3

Neues Ehrenamt

Marta. Maria.
Marta macht.
Maria macht nichts.

Marta macht hin.
Marta macht auf.
Marta macht das Essen.

Maria hört hin.
Maria hört her.
Maria hört zu.

Marta macht.
Maria macht nichts.

Marta macht Maria
zur Schnecke.
Maria hört nicht
auf zu hören.

Frech. Fies. Faul.

Und der gnädige Herr Jesus?
Der gibt ihr noch Recht.
Der sagt doch tatsächlich:

Macht nichts, Maria. Und:
Mach mal nichts, Marta.

nach Lukas 10, 38ff

Vom Geben

Da sprach Jesus zu ihnen: So gebt dem Kaiser, was des Kaisers ist, und Gott, was Gottes ist! Markus 12, 17

Gebt dem Kaiser! Gebt ihm, was er verdient!
Gebt ihm auf die Mütze, auf die Krone, auf die Nuss!
Gebt ihm Saures und euch nicht zufrieden,
gebt ihm Zunder und euch zu verstehen,
gebt ihm den Rest und euch niemals geschlagen,
gebt ihm einen Korb, gebt ihm keine Ruhe
und – wenn's sein muss – gebt ihm den Laufpass!

Aber Gott? Was sollen wir dem denn geben?
Der hat doch schon alles.
Der hat sich doch alles schon
selber gemacht (und siehe, es war gut).
Der hat doch gesagt, dass er uns gibt,
wenn wir uns ihm zu erkennen geben.
Und außerdem, selbst wenn wir ihm
(gesetzt den Fall) unser Bestes geben würden,
wäre das doch wohl weit unter seiner Würde.
Was also sollten wir Gott schon geben
außer der Schuld?

für den Fiskus
für Gott
500
1000

Finanzkrise

Das Geld ist nicht alles,
das Geld ist alle,
das Ersparte bleibt
uns nun erspart,
da eine Krise kreiert ist.

Lohnt sich der Lohn?
Halten die Gehälter?
Verlieren wir die Verluste?
Und finden wir uns ab
mit ihren Abfindungen?

Kein Prophet sein

Man muss kein Prophet sein,
um zu sehen den Verfall von
Macht, Moral und Marktbeherrschung.

Man muss kein Prophet sein,
um zu sehen den Irrweg zu
Tragik, Tod und Teufelskreisen.

Man muss kein Prophet sein,
um zu sehen das Ende durch
Klima, Krieg und Katastrophen.

Man muss kein Prophet sein.
Man muss umkehren.

Der Weg

Jesus sagte: Ich bin der Weg und die Wahrheit und das Leben;
niemand kommt zum Vater außer durch mich. *Johannes 14, 6*

Ich bin der Weg.
Ich war vor dir und werde sein,
wenn du nicht mehr bist.

Eure Schritte hinterließen ihre Spuren auf mir.
Fährten, Furchen, Fußstapfen.
Einige kann man sehen, sie haben sich eingeprägt.
Andere verwischten mit dem Regen und mit der Zeit.

Reiche und Arme, Nahe und Fremde lasteten auf mir.
Manche Füße waren leicht, sie zogen fröhlich ihren Weg.
Andere schritten schwer fremden Zielen zu.
Manchmal traten mich im Gleichschritt schwere Stiefel.

Jetzt machst du dich auf den Weg. Ich gebe dir Halt.
Ich bin der feste Boden unter deinen Füßen.
Von deinen ersten Schritten bis zum letzten Gang
werde ich dich und deine Last ertragen.

Ich bin der Weg.
Ich war vor dir
und werde sein,
wenn du nicht mehr bist

hier.

Der schmale und der breite Weg

Der Weg den Berg hinauf ist mühsam.
Zum Gipfel hoch geht es steil und steiler,
man muss achtsam sein bei jedem Schritt.
Immer wieder halten wir an und ein,
immer wieder atmen wir schnell und durch,
immer wieder ein Schluck aus der Flasche,
ein Biss ins Brot, ein Blick auf die Karte.
Freude herrscht über jede Markierung
am Wegrand, die uns bestätigt,
dass wir richtig sind,
dass sich die Mühen lohnen,
dass unsere Aussicht beträchtlich sein wird.

Oben ist der Ausblick wahrhaft wunderbar.
Wundersam aber, dass – obwohl auf dem langen Weg
kaum einer Menschenseele begegnet –
der Gipfel gefüllt ist mit Menschen und Menschen
und solchen auch, die den steinigen Pfad
schwerlich selbst bewältigen konnten.

Neben dem schmalen Weg aber
ist ein breiter, befahrbar
mit Autos, Bussen und was man so hat.
Und wir staunen, nicht ohne Neid,
wie einfach es ist, zum Ziel zu gelangen.

Aber stolz sind wir
umso mehr.

Erntedank

Einmal im Jahr (wenigstens)
lohnt sich der Blick auf die Ernte:
Welche Samen gingen auf?
Welche Pflanze steht in der Blüte?
Welche Frucht ist reif zur Ernte?

Einmal im Jahr (wenigstens)
ist's gut zu schauen nach dem,
was da unreif ist,
was verkümmert,
was zertreten wurde im Wuchs.

Einmal im Jahr (und täglich)
gilt dem Einen der Dank
für Regen im rechten Maß,
für Sonne in günstiger Dauer

und dafür, dass kein Mangel ist
an Essen und Trinken.
Nur so kann Hunger sein
nach anderen Früchten.

Ganz sauber

Immer wieder trifft uns die Sehnsucht,
anstatt mit allen Wassern gewaschen
endlich einmal ganz sauber zu sein:
Rein, klar, still, wie der See am Morgen,
ganz und gar unberührt in Geist, im Körper, im Sinn.

Aufs Frömmste

Immer mehr von dir, immer mehr.
Und immer bereit sein für deine Aufgabe,
bereit für unsere Selbstaufgabe,
bereit für das, was sie uns einreden
und dir in den Mund legen.

Nimm es uns nicht übel, doch
du bist uns zu nah gekommen.
Du nahmst uns die Luft zum Atmen,
hast die Räume eng gemacht
und enger noch die Aussicht.

Darum haben wir dich,
wachsend im Mut mit steigender Wut,
stehen lassen wo du warst, nämlich im Weg,
haben uns losgemacht,
haben uns aufgemacht.

Heute, aus sicherer Distanz, halten wir zaghaft,
mit heimlichen Interesse und nicht ohne Sehnsucht
Ausschau nach dir: Wo du wohl bist?
Ob du uns siehst? Und kennst du uns noch?

Was gesagt wird

Es ist dir gesagt,
Mensch, was gut ist.
Es ist auch gesagt,
dass denen, die Gott lieben,
alle Dinge zum Besten dienen.
Nicht gesagt ist,
dass dies leicht geschieht und
frei von Mühsal, Marter, Missstimmungen –

wohl aber, dass die mit Tränen Säenden
mit Jubel ernten.

nach Psalm 126, 5

Ausverkauf

Den dreieinigen Gott gibt's zum Preis von einem,
bei zwei Geboten erhalten Sie ein drittes dazu
und als Bonus gibt's das Erste gratis,
die Nachfrage regelt den Preis.

Himmel und Hölle, Tod und Teufel –
das kauft uns doch alles keiner mehr ab.

Darum haben wir die Bergpredigt jetzt runtergesetzt,
das Heilshandeln Jesu gibt's als Sonderangebot,
den Sündenfall bekommt man für'n Appel und 'n Ei,
auf das Scherflein der Witwe erhalten Sie an der Kasse Prozente,
die Geschichte vom reichen Jüngling gibt's mit Rabatt,
und die vom kleinen David zum Schleuderpreis.

Zu verkaufen!
incl. Himmel u. Hölle

Weihnachtshoffnungen finden Sie am Wühltisch,
Schätze im Himmel verkaufen wir jetzt unter Wert
und der Pentateuch ist Recht – und billig.

Alles muss raus, wir trennen uns
von unseren Ladenhütern,
schwer verdaulich heißt schwer verkäuflich.

Lag's an der Präsentation?
Wurde der Kundenstamm unzureichend gepflegt?
Waren wir schlecht aufgestellt auf Märkten
und (heiligen) Messen?
Haben sich Verkäufer und Vertreter entfernt
von der werbewirksamen Zielgruppe,
oder haben sie die gar für dumm verkauft?

Jetzt ist Schlussverkauf, jetzt ist Schluss.
Wir stellen das Sortiment um.
Wir entstauben Räume und Regale.
Wir schaffen Platz für: alles Mögliche.

Sollte uns – wider Erwarten –
doch einmal etwas fehlen,
nehmen wir das in Kauf.

Glaubensscrabble

SA_E – eine Leerstelle schafft Möglichkeiten:
SALE (engl.) verkaufen.
SAVE (engl.) retten, bergen, erlösen.

Ich kaufe ein V.

Ausgeschlossen

Mein Haus soll ein Bethaus heißen für alle Völker. Jesaja 56, 7

Mein Haus soll ein Bethaus sein, so steht es geschrieben.
Zwar heißt es auch, dass man zur Andacht besser noch
ins stille Kämmerlein gehe,
doch wenn man die Sache mit dem Bethaus ernst nimmt,
ist das Beten zumindest im Evangelischen eine seltene Sache:
Möglich ist's nur, und wenn überhaupt, am Sonntag,
in aller Herrgottsfrühe und unter Anleitung.
Ansonsten bleibt die Kirche zu und die Kerze aus.
Da könnte ja sonst jeder kommen.
Damit aber nicht jeder kommt und keiner auf die Idee,
einfach mal so und außer der Reihe in die Kirche einzutreten,
sind alle sieben Türen sicher verriegelt.
Es könnte ja jemand ein Gesangbuch stehlen,
eine Bibel oder ein gutes Wort.
Die Öffnungszeiten von Gottes Repräsentanz
sind knapp bemessen.
Warum sollte es hier auch anders zugehen
als wie man's sonst so kennt.
Warum eigentlich?

Kirchgänger

Von wegen, niemand ginge mehr in die Kirche.
Manchmal kommen sie in Scharen,
manchmal stehen sie sogar Schlange,
manchmal drängen sie sich vor der Tür.

Dann schauen sie sich um mit musealem Blick,
dann schauen sie sich's an mit historischer Kenntnis,
dann nehmen sie kurz einen kühlen Platz und atmen auf.
Und Ah und Oh und Blitz und raus.

Die Flut

Als die Stürme kamen und das Wasser stieg
und mitriss Zäune und Brücken,
Wege und Wegweiser, waren wir glücklich.

Jetzt, nach der Flut, sind wir ein wenig unsicher:
Wohin sollen wir gehen? Wie erreichen wir das Ziel?
Und tragen unsere Schritte auf weichem Grund?

Sonntags

Gelockt vom Gesang früher Vögel hinaus ins Weite:
Spüren die Luft, hören die Blätter, sehen das Land
und alles, was gemacht ist wunderbar.
Vom Tal hinauf klingend
laden die Glocken zum Gottesdienst.

Kirche und Austreten

Haben Sie sich eigentlich mal Gedanken
um Kirche und Austreten gemacht?
Vielleicht haben Sie solch' einen Drang einmal verspürt,
ihn aber dann doch wieder verworfen:
Was sollen denn die Leute denken,
man will ja die anderen nicht stören,
und man kann ja auch mal etwas aushalten.

Dabei sollten Sie schon einmal nachdenken
über Kirche und Austreten.
Denn spätestens, wenn Sie einmal in einem Gotteshaus
müssen müssen,
sieht's meistens schlecht aus für Sie.
Dann müssen Sie raus und rüber ins Pfarrhaus
(das ist verschlossen, denn der Pfarrer hält ja grad Gottesdienst),
dann weiter ins Gemeindezentrum drei Häuser weiter,
vorbei am Kindergottesdienst, hinab in den Keller
und dann stehen Sie vor verschlossener Klotür.

Denn die Toilette, eine für alle, ist besetzt,
was ja klar ist bei so vielen Leuten.
Sie sehen sich um und sind nicht allein,
vor ihnen treten noch weitere Leute
unruhig von einem Bein aufs andere.

Da sind Sie beruhigt und fast froh,
dass nicht nur Sie ein Problem haben
mit Kirche und Austreten.

00

In der Kirche

Für einen Moment
angekommen
in einer Gemeinschaft
der Suchenden,
bei der aller Augen Blick
für einen Augenblick
ein Ziel hat:

Das Kreuz

Unglaublich:

Weil sich, wie man hört,
die Leute ihren Glauben
nicht nehmen lassen,
behalten sie ihn lieber
für sich.

Vom Glauben

Dass du deinen Glauben verloren hast,
sagst du mit Bedauern,
und was will man da machen?

Komm, lass uns mal schauen.
Ich helfe dir beim Suchen
und Finden vielleicht.

Wir sollen sein

Wir sollen sein,
so sagt es der Eine,
das Salz in der Suppe,
ein Licht in der Welt
und Helfer in Not.

Vom Festhalten fremder Fehler
ist nicht die Rede.

Fangfrage

Und Jesus sprach zu ihnen: Folgt mir nach; ich will euch zu Menschenfischern machen! *Markus 1, 17*

Von nun an sollst du
Menschen fischen,
spricht der Herr.

Hurtig bei der Arbeit, müssen wir leider feststellen:
Die Fangquoten sind niedrig.
Sie schwimmen auf anderen Wegen,
sie gehen uns durch die Netze,
sie leben an uns und wir an ihnen vorbei.

Meist fischen wir nun
in eigenen Gewässern,
denn in unbekannten
fischen wir allzu oft im Trüben.

Ob das der Herr so gemeint hat?

Lassen Sie Ihr Gepäck

Lassen Sie Ihr Gepäck
nicht unbeaufsichtigt.
Passen Sie auf, was Sie so
mit sich herumschleppen.
Prüfen Sie von Zeit zu Zeit,
was gebunkert wurde mit der Zeit
in Speicher, Sack und Seele.
Geben Sie Acht auf sich
und geben Sie ab von sich,
bis es Ihnen nicht länger
unter die Augen kommt
und in die Quere.

Bußtag

Bevor ich gehe,
soll alles in Ordnung sein
und seine Ordnung haben.

Darum will ich diesen Tag nutzen
um aufzuräumen und wegzuwerfen,
um Frieden zu machen
und im Reinen zu sein,
damit alles Seine Ordnung hat.

Seelen
TÜV

Offenbarung

Es wird eine Zeit geben
in der sich nichts kaufen
noch verkaufen lässt

Es wird eine Zeit nahen
in der man nicht weglaufen
nur ankommen kann

Es wird eine Zeit kommen
in der Städte schweigen
Telefone und Menschen

Es wird eine Zeit werden
in der nichts wird werden
betäubt in Bild und Ton

Es wird eine Zeit sein
in der ich ganz bei mir bin
und bei dir, wie ich glaube

nach Offenbarung 13, 17

Gebetspsalm

Du Gefährte, wer bist du,
was bist du, wo bist du?

Wo bist du gewesen,
als ich traurig war und einsam,
voller Herzschmerz und Magenbitter?

Und als ich glücklich war und in Gesellschaft,
und überall dabei und dabei immer
ein bisschen zu wichtig und zu eitel,

und als meinen Händen alles gelang,
war das nicht ich, ich, ich –
oder warst da du und deine Vorsehung?

Du Gefährte,
den ich suchte, dem ich fluchte,
dem ich folgte und den ich rechts liegen ließ
als alles gut war und schön –

mit dir will ich reden,
zu dir will ich beten.

Du Gefährte, hier bin ich.
Dir gebe ich mich,
dir gebe ich mich hin.

Wohin sonst sollte ich gehen,
wonach fliehen, worauf hoffen,
wodurch lieben und woran sonst
sollte ich glauben?

nach Psalm 30

Zu guter Letzt. Ewigkeit

Weiß Gott

Weiß Gott
Wohin der Wind uns weht
Welch' Tag im Buche steht
Wie es folglich weitergeht

Einer muss es ja wissen

Früherkennung

Spätestens zum himmlischen Festmahl
könnte die Meinung mancher Christen,
dass früher alles besser war,
für Verstimmungen sorgen.

Letztes Wort

Selten
zumeist bei
Sternenhimmel
tosenden Meeren
nächtlichen Elegien:
Stiche im Herz
Augenblicke voll Klarheit –
Begreifen der Endlichkeit

selten
genug bereit
für das letzte Vaterunser
den letzten Hauch
den letzten Willen
der ein Flehen ist an den
der da kommen soll:
Mach's gut

Merkposten

Was wird aus den Speichermedien
Die das Leben speichern
Was wird aus dem und den Negativen
Aus allem Positiven
Was wird aus mir

Was braucht es Speichermedien
Die mein Leben speichern
Wenn alles vergeht
Worte verblassen
Bilder vergilben

Was nützen alle Speichermedien
Wenn ein Eintrag fehlt
Im Buch des Lebens
Dem Speichermedium Gottes
Dessen Verfallsfrist unendlich

nach Offenbarung 3, 5

Herbst am Ende

Am Ende ist nichts mehr.
Am Ende des Lebens
ist nichts mehr.
Am Ende ist
das Leben nichts mehr
als Besinnung aufs Ende.

Verfallene Häuser,
verlassene Orte,
verlorene Gärten.

Dass am Ende aber
ein Anfang sei,
ein Neues, blühend, lebend,
meint die Hoffnung,
zeigt die Natur,
sagen die Bücher.

nach Johannes 14, 18f

Ausgerechnet

Gern rechnen wir
miteinander ab,
gegeneinander auf,
und zum Schluss rechnen
wir mit dem Schlimmsten.

Da haben wir aber
die Rechnung ohne
den großen Wirt gemacht:
Was wir schuldig sind,
ist längst bezahlt.

In deine Hände

Ich komme zu mir
und wende
mich zu ihm
in seine Hände

Ich komme zur Ruh'
ich sende
was ich bin
in treue Hände

Ich komme zu dir
am Ende
meinen Geist
in deine Hände

nach Lukas 23, 46

Tobias Petzoldt,

geb. 1974, lebt in Dresden, evangelischer Religionspädagoge, Dozent an der Ev. Hochschule Moritzburg

Mitglied im Redaktionskreis Ökumenischer Kreuzweg der Jugend

Texter für Deutschen Evangelischen Kirchentag 2011 Dresden, 2013 Hamburg (Lieder, Gebete)

Regelmäßig Lesungen und Konzerte (u. a. mit Song-Poesie-Projekt „zwischenFall")

Autor der Bücher „Der Rede Wert" und „Es wird Zeit" (Manuela Kinzel Verlag)

Egbert Greven,

Jahrgang 1941, studierte an der Werkkunstschule Dortmund Gebrauchsgrafik. Er ist freiberuflicher Illustrator, satirischer Zeichner und Buchgestalter.

Auf zahlreichen Ausstellungen im In- und Ausland erhielt er Preise und Anerkennungen, dadurch wurde er international bekannt.

Wem eine Gastprofessur für Karikatur und Cartoons angetragen wird, zudem an der Seika-Universität in Kyoto, Japan, kann kein schlechter Mensch sein. Egbert Greven – Leiter der Galerie „schön + bissig" und Organisator der renommierten Iffeldorfer Meisterkonzerte – verwöhnt sein Publikum als Künstler auf breiter Bühne. Die Bürde zahlreicher Auszeichnungen, darunter das Bundesverdienstkreuz, trägt Greven mit der souveränen Leichtigkeit, mit der er auch seine Illustrationen zu Papier bringt.

Inhalt

[1] aus: Der Rede Wert, 2006
[2] aus: Es wird Zeit, 2010

Aus dem tvd-Verlag Düsseldorf

Hanns Dieter Hüsch

Ein gütiges Machtwort – Alle meine Predigten

Als fahrender Poet, weiser Prophet und scharfsinniger Denker entfaltet Hanns Dieter Hüsch seine Predigten und Texte. Und was wichtig ist: das Schmunzeln in und zwischen den Zeilen.

tvd 20150.1 – 192 Seiten, kartoniert
ISBN 978-3-926512-42-0

Hanns Dieter Hüsch/Joan Miró

Das kleine Buch zwischen Himmel und Erde

Man betrachtet zunächst die Bilder von Miró, der mit Witz und Tiefsinn den Himmel bemalt und die Menschen zeichnet. Hanns Dieter Hüsch, mit dem lieben Gott auf Du und Du, nimmt mit seinen Geschichten die Menschen mit in den Himmel.

tvd 20040.1 – 48 Seiten, kartoniert, 15 Bilder, farbig
ISBN 978-3-926512-40-6

Hanns Dieter Hüsch/Marc Chagall

Das kleine Weihnachtsbuch

Wie Gott in die Menschen-Geschichte zu Weihnachten einfällt. Unmittelbar vom Himmel, davon erzält Hanns Dieter Hüsch. Verbunden mit den Bildern von Marc Chagall wird hier deutlich: Texte und Geschichten, Gestalten und Farben, alte und neue Zeiten geben sich zu Weihnachten die Hand.

tvd 9740.1 – 48 Seiten, kartoniert, 11 Bilder, farbig
ISBN 978-3-926512-26-0

Hanns Dieter Hüsch/Michael Blum

Das kleine Buch zum Segen

Hanns Dieter Hüsch verbindet mit seinen Bitten und Fürbitten, mit seinen Wünschen und Hoffnungen die Erde mit dem Himmel. Durchwebt werden die Wünsche „zum Segen" von den „Heiligen Zeichen", wie Michael Blum seine Bilder bezeichnet.

tvd 9840.1 – 48 Seiten, kartoniert, 18 Bilder, farbig
ISBN 978-3-926512-30-7

Bestellungen können auch direkt an den Verlag gerichtet werden.